リーディングス グローバル化と地域文化❶

グローバル、トランスナショナル、ローカルを生きる人びと

齋藤千恵、小河久志、小西賢吾　編

金沢星稜大学グローバル・スタディーズ教育プロジェクト研究所

人間社

伝壮猶館門跡（現石川県知事公舎）（撮影者　本康宏史）

七尾軍艦所跡（記念碑）（撮影者　本康宏史）

第一世代（シンガポール国籍）の男性の葬式 棺の側に集まっているのは、死者の家族とインドネシアから呼び寄せられたフラフラの女性、シンガポールで類別的な親族として見なされている人々。（撮影者　齋藤千恵）

葬式後の食事 ＨＤＢ集合住宅の一室で、死者のフラフラが死者の妻や子供に特別な食事を与えている様子（手前の黒い服の女性が、実際の死者のフラフラ。奥の男性は、葬式当時シンガポールに滞在していた船員で、フラフラの女性と同じマルガに所属する男性）。（撮影者　齋藤千恵）

船霊儀礼で船首に色布を巻く住民
（撮影者　小河久志）

序文

比較文化学とグローバル・スタディーズ教育プロジェクト研究所

　本書は、金沢星稜大学グローバル・スタディーズ教育プロジェクト研究所の成果物である。本研究所は、2020年度に、比較文化学教育プロジェクト研究所を引き継ぐ形で設立された。比較文化学教育プロジェクト研究所は、金沢星稜大学人文学部における比較文化コースの学びに寄与すべく設立された研究所で、山田孝子代表のもと、専門分野を異にする教員が研究員となり、専門知識を持たない学部生に対する比較文化教育に焦点を当てていた。そこには、比較文化とは何かという問いがあった。

　その後身であるグローバル・スタディーズ教育プロジェクト研究所は、比較文化学教育プロジェクト研究所が成し遂げたことを受け継ぎ、二つの目的のもとにそれをさらに発展させていくことを目指している。一つは、前身研究所と同様、21世紀において新たな変化を経験する社会における文化の継承についての研究である。冷戦の終結や湾岸戦争、地下鉄サリン事件と呼ばれる化学兵器を使用した東京でのテロという社会を揺るがす大きな出来事があった20世紀末に引き続き、21世紀において、私たちの社会は、ますます多くの変化を経験している。アメリカは同時多発テロを経験し、以降多くの国を巻き込んだテロとのグローバル戦争に突入した。紛争やそれによる人口移動、グローバル規模で起こる新しい伝染病、いくつもの大規模自然災害が21世紀においてすでに起こっている。こうした中で、AIが人間の労働力を大幅に代替する時代や人生100年時代の到来が予測されている。更に、2020年には新型コロナウイルス感染症（COVID-19）が世界中を席巻し、地域的、国家的規模のロックダウンによ

序文 | 5

り人の移動が制限される事態となった。人の移動の制限は経済活動の制限に結び付き、ポストコロナ社会に対する不安感が様々な国で生じている。

　本研究所における研究活動では、こうした新たな変化を経験する社会における文化継承や文化変化の在り方を明らかにすることを目的とする。これに加え、本研究所では、大学教員と学生による主体的な地域文化への関わりをもう一つの目標とする。前身の比較文化学教育プロジェクト研究所は日本の中山間地域において、少子高齢化が進み、その危機感の中で文化継承についての研究の重要性を唱えた。本研究所は、その重要性を認識しつつ、前身研究所と異なり、実践的に文化継承問題に関わっていくことを目指す。

　本学が位置する北陸地方の中山間地域は、深刻な少子高齢化を経験しており、重要な祭り文化も地域の人たちのみでは実現が不可能な事態となっている地域もある。例えば、能登半島の農漁村で行われるキリコ祭りでは、キリコと呼ばれる山車のような形態の灯ろうが担がれるが、キリコの担ぎ手を外部から募るコミュニティも目立っている。折しも、本書の原稿が書かれている 2020 年は、外部の人々も協力していた多くの祭礼が取りやめになった年である。ポストコロナ社会という言葉が頻繁に聞かれるようになっているが、コロナ禍を過ごした社会で如何に文化継承がなされていくのかということは、COVID-19 が終息した数年後にしか分からないだろう。今後どうなっていくのか見守っている内に、地域の人々が守り続けたものが失われていくという可能性もある。COVID-19 は、単に経済的に困難な状況やグローバル化に対する挑戦以上に、少子高齢化社会には、文化継承の危機をもたらす予感もある。単に変化するのではなく、失われていくのであれば、それを待っているよりも、この危機を乗り越えるべく本研究所は活動すべきだろう。

　文化人類学（以下、人類学）の中では、文化の概念とともに研究者や調査者の在り方が議論されてきた。人類学では、参与観察と呼ばれる調査法により、調査地に人類学者が住み込みコミュニティに参加しながら人々の生活や文化を観察してきた。都市部での調査では、インフォーマントの近くに住むことは可能でない場合も多いが、それでも参与観察によって対

象集団の活動を調査している。いずれにせよ調査対象の集団の活動に参加して観察するのであるから、一連の人類学者たち（e.g. Crepanzano 1980, Clifford and Marcus 1986, Marcus and Fischer 1986, Rosaldo 1989, Bruner 2004）が示しているように、調査者たちが調査対象と切り離された観察者として存在するのは難しいし、研究者が完全な客観性を持つことができるわけではない。調査対象者たちにとって、人類学者は目に見えない観察者ではありえず、人類学者自身が、何らかの形でコミュニティの運営に関わっていることも少なくない。21世紀に入ってから、関与の人類学あるいは民族誌（engaged anthropology/ ethnography）として人類学者による実践的な試みが論じられるようになった（e.g. Low and Merry 2010, Ortner 2019）。こうした調査者の立場と、学生たちを教育し地域と関わる大学の役割から、地域の文化に積極的にかかわっていくことを、本研究所は第二の目的として持つ。

本書の構成

　本書は、本研究所の第一弾の出版物として、グローバル化をテーマに3篇のリーディングを収録している。この3篇は、グローバル・イシューとして社会や文化の特定の側面を捉えている。ウォーラーステイン（Wallerstein 2005:93）によれば、グローバル化は、情報分野の技術の進歩に支えられ、物と資本の自由な流通を可能にした経済のあり様であるが、本書の場合は、扱うテーマをグローバル経済に付け加えるのではなく、特定のテーマをグローバル・イシューとして捉えることで、社会、経済、政治を見ていく（cf. 伊豫谷　2003:20）。こうした論じ方を採用することで、グローバル化という文脈で近代や国民国家、特定の地域に根付く文化や社会、人々の主体的な文化、社会への働きかけを論じることができるだろう。

　第1章では、本康が、歴史的な視点から日本が近代に差し掛かる頃に出現したグローバル人材とも呼ぶべき人々について描写している。本康が論じるグローバル人材とは、幕末の加賀藩にあって西洋近代の知識を習得し活躍した人々である。日本、あるいは、加賀藩の近代化の幕開けは、西洋の技術や言語、軍学といった文化を取り入れた西洋近代のディスクールから始まった。

第 2 章では、齋藤がインドネシア移民により、シンガポールに形成された トランスナショナル・コミュニティでの親族関係について論じている。グローバル化経済の中で、人の移動も頻繁になり、新しい土地に移住した人々は系譜関係をたどることにより親族関係を拡大し安心感を得たり、個人の立場を有利にするためにそれを利用している。SNS の利用によっても、こうして確立された親族ネットワークは維持されている。齋藤の論文は、現代社会特有のツールの使用や状況に応じて、文化は変化しつつも維持されていくことを示している。

第 3 章では、小河がグローバル化の中のローカル文化について論じている。小河は、トランスナショナルなネットワークを持つイスラーム宣教団体が説く教えが浸透する中、船霊信仰というイスラームには包摂されない民間信仰がどのように生き残っていくのか、イスラームの教えとのディスクールや共同体の成員の民間信仰に対する能動的な働きかけに注目し考察している。

以上の 3 篇の論文を足掛かりとして、本研究所は今後、更にグローバル・イシューや変化する私たちの社会に特有な問題について扱っていこうとする。

2021 年度以降の研究テーマ

2021 年度以降、本研究所は以下の 6 つを研究テーマとして掲げ、活動を行っていくことを予定している。

(1) 文化とは？

グローバル化や災害や紛争、その他の要因による人口減少や移動、インターネットを含むメディアの普及や衰退、経済発展といった今日的文脈の中で、文化の動態に注目し、文化の概念を明らかにしていく。

(2) 文化とその表現

集団のアイデンティティの再形成に繋がる文化のリバイバルや観光における伝統文化の演出と商品化、博物館の展示や国家レベルでの行事におけ

る特定の価値観の強調など、文化はさまざまに継承され表現される。変化する社会の中での文化を巡る権力の働きや個人、集団の戦略について研究する上でも、文化が如何に表現されるのかというテーマは重要となる。

(3) 危機と文化

21世紀に入り頻発する大規模自然災害や環境汚染、紛争、テロリズムといった危機への対応として、ローカル・ナレッジの活用や断絶してしまったように見えた文化の復興、危機的状況の体験談の継承といった活動が見られる。新型コロナウイルス感染症拡大を含め、危機を巡る文化の研究は、個人や集団のサバイバルやアイデンティティの主張と関連し、文化に対する戦略的な働きかけを追求可能にする。

(4) 移民と文化継承

現代社会において、国境を越えて人々が移動し他国に定住したり、自国を含む特定の二国間を行き来して生活するのは、それほど珍しくなくなった。国籍や民族的所属を同じくする人々が、他国でコミュニティを形成する場合も少なくなく、そこには言語を含む彼らの文化が存在する。文脈が変化した中で、移民や複数の国を行き来する人たちがどういった形で文化を継承しているのかを論じる。

(5) 信仰と宗教

近代化に伴い、宗教や信仰の社会での位置づけも変化している。しかし、現代においても、人々は祭りや儀礼を実践するし、巡礼に参加する。大量死や身近な不幸を宗教的な枠組みの中で説明したり、宗教に癒しを求める人々も少なくない。信仰や宗教に関するテーマは、文化継承という視点から、近代及び後近代における文化を論じる上で意義のあるテーマである。

(6) 文化の継承と担い手

文化の担い手は、社会あるいは集団の成員であると言われてきた。しかし、人口の減少が顕著な社会においては、その担い手は、当該コミュニテ

ィあるいは集団の成員に限定できなくなっている。少子高齢化が急激に進む社会では、祭りの担い手不足が顕著であるにも関わらず、祭りを継続しようと、コミュニティの外に担い手を求める事例もある。集団的実践を継続したり、創り出すためのつながりの生成メカニズムを明らかにするのは、社会関係資本の研究に貢献しよう。また、本研究のまとめとして提示されるこのテーマは、町おこしや社会の活性化といった自治体が取り組む問題とも関連し、研究者や学生の地域社会との関わり方についての議論を促進する。

　本研究所は、今日的な社会と文化に関して上記の6つのテーマに基づいた議論を展開してくことを計画している。それぞれのテーマのもとで、我々研究者と学生たちは、積極的に地域社会と関わっていき、そうした関わりや活動の在り方を理論的にも追求していく。

参照文献

Bruner, Edward M.

　2004　Culture on Tour: Ethnographies of Travel. Chicago: University of Chicago Press

Clifford, James and George E.Marcus

　1986　Writing Culture: The Poetics and Politics of Ethnography. London: University of California Press.

Crapanzano, Vincent

　1980　Tuhami. Chicago: The University of Chicago Press.

Marcus, George E. and Michael M.J. Fischer

　1986　Anthropology as Cultural Critique. Chicago: University of Chicago Press.

Low, Setha M. and Sally Engel Merry

　2010　Engaged Anthropology: Diversity and Dilemmas: An Introduction to Supplement 2. Current Anthropology 41（2）Pp.S203-S226.

Ortner, Shelly B.

　2019　Anthropology of This Century. Current Issue Info / Contact Archive Issue 25. Electric document http://aotcpress.com/archive/issue-25/. Accessed on Nov. 27, 2020.

Rosaldo, Renato

　1989　After Objectivism. In Culture and Truth: The Remaking Social Analysis. Pp.46-67.

Boston: Beacon Press.

Stuesse, Angela

    2015 Anthropology for Whom?: Challenges and Prospects of Activist Scholarship. In: Public Anthropology in a Borderless World. S.Beck and C.A. Maida eds. Pp.221-246. Oxford: Berghahn.

Wallerstein, Immanuel

    2005 World System Analysis: An Introduction. London: Duke University Press.

伊豫谷　登士翁

    2003 「グローバリゼーション・スタディーズの課題」『トランスナショナリティ研究—場を越える流れ』小泉潤二、栗本英世編。　Pp.20-30。大阪大学 21 世紀 COE プログラム「インターフェイスの人文学」

リーディングス グローバル化と地域文化 **❶**

グローバル、
トランスナショナル、
ローカルを生きる人びと

目次

第一章

幕末加賀藩の「グローバル人材」

——お雇い藩士と洋学——

本康宏史

はじめに

　加賀藩の幕末における政治や軍事の状況は、従来、西南雄藩をはじめとする先進的な動向にくらべ、一般に低調な状態にあったと理解されて来た。しかし、いくつかの分野に関して言えば、極めて水準の高いものもあったと再評価されつつある（本康 2009:6 - 23）。その背景には、洋学、すなわち西洋の科学知識や技術導入の活発さに支えられているところが大きい。ここでは、この一翼を担った洋学者やその周辺の人物を紹介し、当時の語学教育、「新知識」導入のようすを垣間見るとともに、幕末加賀藩の「グローバル人材」について考えてみたい。

世界に羽ばたく、お雇い藩士たち

（1）幕末加賀藩の洋学とその担い手

　弘化から嘉永年間にかけて、アメリカ・イギリス・ロシアの艦船が浦賀や下田に現れ、1853（嘉永6年）、54年の2度にわたってアメリカからペリーが来航、幕府に開国通商を強く迫った。幕府はこの要求に応じる一方、各藩に対して海岸の防備を厳重にするよう布告した。

　加賀藩では、同じ1853年に藩主前田斉泰が直々に能登巡視をしていることでもわかるように、きわめてこの事態を重要視していた。同年6月、ペリー来航の情報が伝わると海防にもさらに拍車がかけられ、藩の組織として西洋火術方役所が設けられることになる。同所は、当初藩士の大橋作之進が私的に設立した洋式砲術の研究所であったが、同年7月藩立に移管。翌安政元年7月には規模を拡大、壮猶館として改組・改称したのである。

壮猶館絵図
『稿本金沢市史 学事編 第2』318 頁挿図より

大橋は加賀藩士（700石）で、高岡町奉行にも任じられた人物。越中の天文学者、西村太冲に暦学を学び、砲術・舎密学（化学）にも通じていた。この間、西洋兵学に長けた河野久太郎や蘭学医黒川良安らを招き、同好の藩士らとの研究会を主宰していた。城下中心部の柿木畠に、練兵場を附属して設けられた壮猶館では、洋式軍事訓練のほか蘭書・洋書の翻訳・講読、さらに火薬など舎密学の研究も行われていたという。いわば、藩の洋学校兼軍事科学センターだったのである。

（2）佐野鼎・三宅秀・長野桂次郎
訪米・訪欧を経験した佐野鼎

　幕末も嘉永期以降に至ると、外国船の来航はさらに頻繁となり、海防や外交交渉のための外国語に堪能な実務者・実力者が必要となる。各藩はこうした人材の獲得に尽力した。適塾や鳴滝塾、芝蘭堂など著名な蘭学塾や洋学塾の出身者を通じて、優秀な人材を藩士として召し抱えたのである。

　加賀藩に招聘され、英・仏学の教師として活躍した人物の代表が、佐野鼎・三宅秀・長野桂次郎の３人である[1]。彼らの出身は江戸であったり駿府（静岡市）であったりしたが、いずれも加賀藩に仕官し海外に派遣された人々で、いわば、幕末の「グロ

佐野鼎
「文久2年遣蘭開市開港延期談判使節随員一行写真」所収（東京大学史料編纂所所蔵）

ーバル人材」といえよう。以下、そのプロフィールを押さえておこう。なお、佐野らを「グローバル人材」と形容したのは、鎖国下の日本でいち早く外国語を習得し、国際的な視野から新たな社会を構想していた実務者、とい

※1　英・仏学とは、英語及び英語圏の学問、あるいは、仏語及び仏語圏の学問のこと。黒船来航後、欧米諸国との交流が開始されるようになると、オランダ以外の言語やそれに基づく学術・知識も流入するようになり、それぞれ「英学」「仏学」と称した。加賀藩の英・仏学に関しては、（今井1987）（藤井1987）など参照。

うような意味からである※2。

　佐野鼎は、1829（文政12年）11月、駿河国富士郡（現静岡県富士市）に生まれた。19歳で江戸に出て、下曾根金三郎の門に入りオランダ砲術を学んだ（弘化年間）。この人脈から、1855（安政2年）10月には、長崎で幕府の第1回海軍伝習に参加している。

　加賀藩に雇われたのは、翌1856（安政3年）6月とされ、翌年11月には新流砲術師範方棟取役に任じられている。1860（同7年）正月からは、勝海舟や福沢諭吉らとともに遣米使節団に参加し、この経験を買われ、1861（文久元年）12月には遣欧使節団にも参加している。この間、加賀藩では新設の軍艦所奉行輔佐となり、1864（元治元年）7月、壮猶館の稽古方惣棟取役に就任している。

　1867（慶応3年）5月、能登半島の七尾にイギリス船が入港、6月にはアメリカ船、7月は再度イギリス艦が入港しているが、佐野はいずれのケースにも急行して外国人との応接にあたっている。また、1869（明治2年）11月、加賀藩がパーシヴァル・オーズボン（Percival Osborn）を英学教師に雇用するにあたっては、その採用、受け入れ業務に当たったが、これについては後述する。

　その後、1870（明治3年）2月、東京詰藩兵総括として上京、兵部省に出仕、12月、欧制屯所築造掛を命ぜられている。なお、1871（同4年）9月、加賀藩の資金援助のもと、在官のまま東京神田淡路町に共立学校を創設した※3。

佐野の訪米日記から

　1860（安政7年）1月、「日米修好通商条約」の批准書交換の使節団を乗せたポーハタン号がアメリカへ渡航した。この使節団の中に加賀藩士で砲術家の佐野鼎も参加している。その航行の行程を記録したのが『奉使米

※2　ちなみに、本学人文学部のwebページには、「世界に目を向け、日本の価値を見出す。それが金沢星稜大学の目指すグローバル人材。」とある。150年以上前の金沢で、そうした気概を抱いた多くの若者が、日々語学習得に努力していたことを紹介したい。

※3　佐野の履歴や共立学校との関係については、（松本2001）など参照。なお、この共立学校はのちの開成中学校、現開成高校の前身となる。

行航海日記（万延元年訪米日記）』である（佐野 1946）。帰国後、加賀藩 13 代藩主斉泰に献上され、世子慶寧も読み、幕末維新期の卯辰山開拓や兼六園開放の手引きになったという（フラーシャム 2008）。幕末の洋学者が、実際の海外を体験した貴重な記録の一つである。この中から、佐野が米国滞在中に経験した西洋文明のようすを垣間見ておこう。

「一行は、議事堂を見ながらホワイトハウス近辺に位置するホテルに導かれた。五階建ての壮大なホテルの威容もさることながら、ソファーをはじめとする調度品の素晴らしさ、ガス灯やそれに点火するために使うマッチという早附木、シャボンを備えた浴室や水洗トイレの清潔さ、井戸を掘ることなく、蛇口をひねれば水が出る水道」、「初対面に際しては、互いに右の手を握り合わせることをする。人が来るたびに握手をするので、一日の内しばしばこれを行わなければならない」、また、「女子の礼には口を吸うことがあるようだが、我々の習慣からすれば、このようなことは、言うに及ばず、見るにも堪えない」、「各都市の人口や戸数、鉄道、港湾などの詳細な地誌、記念碑、学校、寺院（教会）、病院、盲聾館、図書館、公園、劇場をはじめ、日米の金銀貨の比較」などの詳細を記述。ファイラデルフィアでは、「見学した時計屋の規模の大きさや時計の正確さ、別の店で見つけた正確な日本地図に感嘆している」（徳田 2011:24-28）[4] といった具合である。何もかもが新鮮な光景に映ったようで、当時の佐野の驚きがよく伝わってくる。

医学博士第一号、三宅秀

三宅 秀（ひいず）は、1848（嘉永元年）11 月江戸で生まれた。父親は著名な蘭学医三宅艮斎（ごんさい）である。1860（万延元年）高島秋帆の塾に入り西洋砲術を、1862（文久 2 年）手塚律蔵の塾に入り英書、究理書（物理）等を学ぶ。この間、英書及訳書から解剖・生理・薬剤及内科学を自修、父の医院で診療にも従事したという。

1863（文久 3 年）幕府の遣仏使節に同行し、多くのエピソードを残している。この訪欧自体は、池田筑後守以下、34 人の外交使節団がヨーロッ

パに渡ったものであるが、例えば、1864（元治元年）4月4日の午後、彼らはエジプトカイロのスフィンクスの前で記念写真に納まっている。黎明期の写真史では、ベアトが撮影した有名な1枚で、この画面でスフィンクスの首からずり落ちそうになっているのが、若き日の三宅である。当時16歳、使節団の中で最年少のメンバーであった（鈴木1988:7-18）。

帰国後も横浜の英学校で英学・数学・物理

三宅秀 元治元年（1864）撮影 三宅一族旧蔵コレクション「幕府遣仏使節団写真帖」所収（東京大学総合研究博物館所蔵）

スフィンクス前で集合写真を撮る池田使節団
（出典：『日本人（第3次）』34号，1897）国立国会図書館ウェブサイトより

学を学び、傍らアメリカ医師ヘボン（ヘップバーン）、イギリス医師ウォールの診療所に通学、1865（慶応元年）5月以降は、米国海軍軍医ヴェッデルの塾に学んだ。訪欧経験に加え、外国人からの英・仏語の直伝習得により、語学エキスパートとして活躍した。

こうした経歴が認められ、1867（慶応3年）9月、加州金沢の壮猶館では翻訳方を勤め、英書の翻訳に従事。1868（明治元年）9月、英学教師を拝命し、金沢の致遠館で英学及び算術を教授した。さらに、1869（同2年）12月より七尾にて、イギリス人オーズボンにフランス語を学んだ。のちに東京大学教授、医学博士第1号になる人物で、いわば日本近代医学の創設者の一人といえよう（1885年学士院会員、1886年医科大学長）。

トミーと呼ばれた、長野桂次郎

　長野桂次郎は、1843（天保14年）9月、旗本の2男として江戸に生まれた。幼名は為八。1855（安政2年）頃、母方の姓を名乗り米田（こめだ）桂次郎と称す。1857（同4年）、通詞で叔父の立石得十郎に従い、伊豆下田でアメリカ領事について英語を学ぶ。1860（同7年）正月、遣米使節に立石の養子斧次郎として同行を出願、渡米を果たす（この時のエピソードは後述）。1862（文久2年）頃、江戸市中下谷に英語塾を開いたが、同塾には、さきの三宅秀をはじめ、益田孝（のち三井財閥の大番頭）、矢野二郎（外交官をへて商業教育で活躍）らが生徒として学んでいる。つまり、三宅は長

兄（小花和重太郎：左）
**とビールを酌み交わす立
石斧次郎**（1867年・小花
和平一郎氏所蔵）

野の弟子でもあったのである。その実力は大方の認めるところで、1867（慶応3年）3月、大坂城内にて将軍に御目見得、アメリカ公使引見の際通訳を務め、同年7月には、九州でイギリスの外交官アーネスト・サトウを迎えている。

　1870（明治3年）福沢諭吉の推薦により、三宅の後任として金沢藩の英学校（道済館、致遠館、のち中学東校）に着任している[※5]。1871（同4年）11月には、先述のように、岩倉使節団員にも選ばれた[※6]。

　ところで、長野は、その年齢・立場ごとに米田・立石・長野と氏名を変えているが、佐野と同行した先の訪米使節団では、「トミー」と呼ばれている。幼名為八の「為」が「トミー」と発音されたもので、随員のなかでも年少だったため愛称で呼ばれたようだ。事実、当時の絵入り新聞の一面

を飾るほどの人気者であった。とくに他のお堅い随員とは異なり、女性にもフランクに話しかけたようで、日本人として初めてアメリカ女性とキスした人物としても知られている。滞在中に「トミーポルカ」という、彼をテーマにした歌も作られるまでに、人気が沸騰したという。極めてコミュニケーション能力に優れた人物だったのであろう（今井 1981,1982）。

維新後は、人脈を生かし政府の周辺で活躍したようで、1878（明治11 年）頃に北海道に移住、缶詰製造に従事している。その後 1882（同

1860 年 6 月 23 日 付「NEW-YORK ILLUSTRATED NEWS」第 1 面に掲載されたトミー・長野桂次郎の記事
（神奈川大学図書館所蔵）

15）2 月、開拓使廃止にともない岩内（茅沼）炭鉱主任となり、1887（同20 年）2 月には、ハワイに渡り移民監督官を勤めた。波乱万丈の人生といえよう。

　この間、加賀藩は 1869（明治 2 年）2 月に致遠館を設置。壮猶館の語学研究部門で洋学を伝授した。当初、藩は蘭学、すなわちオランダ語を研究・教授していたものの、嘉永期以降は古くなり、英・仏学が最先端の語学教育となった。ここに渡航経験のある彼らが、「お雇い教師」として登場するのである。

　なお、こうした幕末維新期の状況でとくに強調したいのは、例えば、壮

※5　横浜に居た桂次郎を訪れた福澤諭吉が、彼から英語の発音を習ったという逸話もある。

※6　その際、太平洋航海中に女子留学生（津田梅子ら 5 名）に戯れた廉で、模擬裁判の被告となってしまう、という桂次郎らしいエピソードも残している。

猶館の洋学者の中では、従来から金沢にあっ
て、蘭学・洋学の研鑽につとめてきた加賀藩
士と、佐野や三宅ら招聘された藩士外の人
材が一緒になって新しい学問、教育体制を作
り上げていったことである。目まぐるしく変
化する幕末維新期の社会情勢の中で、「語学」
を武器に自らのキャリアを切り開いていった
人々がいた。また、そうしたグローバル人材
を積極的に雇用し、活用したのが加賀藩だっ
たのである。

長野桂次郎
「岩倉大使一行記念写真帳」（明
治4年）部分（東京大学史料編
さん所所蔵）

最初のお雇い外国人、オーズボン

（1）七尾軍艦所と語学所

　幕末の海防をめぐる事情から、能登半島の七尾には、加賀藩の海軍、軍
艦所がつくられた。七尾軍艦所を根拠地とした主力艦船は7隻。各艦船
の旗印に「剣梅鉢」の前田家の紋をつけていたため、世間では「梅鉢海軍」
と呼び、薩摩藩と並ぶ国内諸藩中最大の海軍力を誇っていたという。

　1862（文久2年）3月、さきの壮猶館より航海部門が独立、（金沢）西町
軍艦所と七尾軍艦所がつくられることになった。西町軍艦所は航海術学科
を主に、七尾軍艦所は艦船実習と軍艦根拠地を分担することになる。また、
七尾軍艦所は、一面、蒸気機関を有する製鉄所（造船所）でもあった。一
説には「七尾製鉄所の新設備は肥前、薩摩両藩のものより優れ、幕府長
崎製鉄所に劣らぬ本格的な工作機械一式をそろえていた」（松島 1987:111）
ともいわれる。

　さて、1869（明治2年）2月、加賀藩の藩校道済館の生徒のうち成績優
秀なものを選んで、英語・数学を中心として、当時洋学と言われた近代科
学を学ばすため致遠館が設けられた。さきの三宅秀（当時は復一）らによ

って手が加えられた教育改革の一つであった。つまり、英語が読めさえすれば事足りるとする、従来の「道済館」英語教育では「ドーセイカン」ので、話し書くことを重視する語学教育こそ時代の要請だ（今井 1982,1987:20）という考えに基づくものである。佐野や三宅らは、英国帰りの藩士、関沢孝三郎、岡田秀之助らと図り、壮猶館の中に新たに英学所を設けたのである。かくして、いわゆる正則（リーダー中心）の英語教育が開始されたのであった。

(2) オーズボンとその教え子たち

　こうしたなかで、実践英語を学ばせるために必要として、加賀藩は外国人教師を雇用する。それが英国人のオーズボンであった。オーズボンの雇用についても仲介人として活躍したのが佐野鼎である。佐野は先述のように駿河の人であったが、江戸の下曾根塾で蘭学とオランダ砲術を学び、1857（安政4年）洋式兵法の責任者となり、加賀藩の洋学導入をリードした人物である。

　さて、オーズボンは 1869（明治2年）、七尾軍艦所構内の致遠館支館、所口語学所、すなわち七尾語学所に着任した。語学所学生は金沢致遠館本館より特に優秀な 30 余名が選ばれ派遣されたという。在学者の中からは、後に日本科学界の権威となった人物も多く輩出したが、これもオーズボンを通して直接欧米文化に接し、その影響を受けたことも一因であったろう。出身者のうち主な著名人は（表1）のとおりである。

　なお、オーズボンのプロフィールは、『七尾軍艦所 七尾語学所のれきし―七尾

パーシヴァル・オーズボン
（七尾市立図書館蔵）

港の夜明けごろ─』※7によれば「見かけでは25、6歳くらいで身長は6尺近い大男であった。服装は語学所にいるときは洋服だったが、郊外へ出るときは必ず着物に袴を付け、羽二重の羽織を着た。白足袋に草履をはき刀を差した武士姿で堂々としていた。（中略）妻は日本人で、おせんといい、20才余。妻をつれ蒸菓子を食べに、七尾の菓子屋長養堂へ度々立ち寄ったことがあると」いわれている。

ところで、オーズボンの着任の場所が城下の金沢ではなく、七尾という能登半島の港町に置かれたことには、次のような理由が考えられる。第1に、維新後まだ日の浅い時節のことであり、城下に住む武士たちに根強く残っている攘夷思想を恐れたこと。第2に、七尾は加賀海軍の根拠地で、過去にしばしば外国船の入港を経験しており、外国人に対するアレルギーが薄められているうえ、陸路を通らず海路から直接任地に着けるという利点があったことである。ちなみに、オーズボンは、加賀藩雇い入れ外国人

表1: 七尾語学所の主な出身者たち

瓜生外吉 [1857〜1937]	海軍大将、男爵。江沼郡大聖寺町に生まれる。七尾語学所、海軍兵学寮に学び、1874（明治7年）米国アナポリス海軍兵学校に留学。1903（同36年）第2艦隊司令官となり、日露戦争で仁川港のロシア艦隊を撃破。このときの「瓜生艦隊」の活躍で名を馳せた。キリスト教徒としても知られる。
桜井錠二 [1858〜1939]	理学博士。日本の化学創設者の1人。金沢の藩士の家に生まれる。七尾語学所で学んだ後、開成学校に入学。1876年英国へ留学。1886（同19年）東京大学理科大学教授に任ぜられ、理学博士の学位を授与された。学術研究の振興に活躍、1917（大正6年）理化学研究所を創設した。学士院院長、貴族院議員、枢密顧問官を歴任。
石黒五十二 [1855〜1939]	工学博士。明倫堂教授石黒千尋の二男として金沢味噌蔵町に生まれる。七尾語学所に学んだ後、東京大学理学部に入学。1879年英国に留学した。帰国後東京大学理学部で衛生工学を講義。海軍技師を兼ねて呉、佐世保両鎮守府の創設工事を担当。三池、若松の築港、宇治川電気第1発電所の水路随道等を完成した。貴族院議員。

※7　七尾市立図書館編1966。妻の名前は「せと」が正しいとされる（今井1994）。

教師の実質第1号ということになる。以後多くの外国人が「お雇い教師」として招聘されるに至る。

　なお、各レベルの関係者（お雇い外国人、士官／教師たち、生徒たち、技術者たち）の具体的な調査は、彼らの存在形態と技術・知識の移入・伝承の問題からとくに必要といえよう。ちなみに、「お雇い外国人」については、洋学史の今井一良らの精力的な調査によって、オーズボンをはじめとしたそのプロフィールの調査が進み、従来不明であった点や誤りが詳細に検証されている（今井 2016）（表2）。また、士官／教師たちについては、松島秀之助や今井一良の論考が浅津富之助ら軍艦の士官たちを（松島 1977, 今井 1991）、また今井や徳田寿秋の諸論が、三宅復一（秀）、岡田秀之助、関沢孝三郎（清明）ら語学所の教員たちを紹介している（今井 1990,1993, 徳田 2011）。

　以上、幕末の「グローバル人材」について、お雇いという枠組から興味深い人物たちと加賀藩の人材育成方法を紹介した。ここでは、本書のテー

表2: 加賀藩のお雇い外国人

名前	国籍	赴任期間	役職・業務等
ニール	アメリカ人	明治2.8 〜	技師、猶竜丸船将
オーズボン	イギリス人	明治2.11 〜 3.閏10	語学、岡山藩へ転出
リトルウッド	イギリス人	明治4.3 〜	語学、赴任途中、天然痘のため病死
スロイス	オランダ人	明治4.4 〜 7.9	医学、理化学、金沢医学館に赴任
デッケン	ドイツ人	明治4.3 〜 5.3	鉱山学、帰国
ハイゼ	ドイツ人	明治4.6 〜 5.3	機械学、兵庫製鉄所（東京で死亡）
リッテル	ドイツ人	明治3.12	理化学、藩の事情で雇わず、大阪・東京開成学校
サイモンスン	イギリス人	明治4.6 〜	中学東校語学教師
ランベルト	イギリス人	明治9.2 〜	啓明学校語学教師
ホルトルマン	オランダ人	明治8.7 〜 1.25	語学、帰国

マであるグローバル・スタディーズの視点から、外国人にせよ、日本人に
せよ、幅広い視点とバイタリティーをもつ人物たちであったことを確認し
ておきたい（表3）。

表3　藩政末期における加賀藩の渡航者一覧

氏名	出発年（元号）	行き先	備　考
佐野鼎	1860年（万延元） 1861年（文久元）	アメリカ 欧州各国	遣米使節 遣欧使節 ※オーズボン雇用
関沢孝三郎	1866年（慶応2）	イギリス	藩費派遣
岡田秀之助	1866年（慶応2）	イギリス	藩費派遣
浅津富之助	1867年（慶応3）	イギリス	藩費派遣
稲葉助五郎	1868年（明治元）	イギリス	軍艦奉行
神戸清右衛門	1868年（明治元）	イギリス	稲葉と同道 ※デッケン他雇用
不破与四郎	1868年（明治元）	イギリス	稲葉と同道 ※ランベルトの通訳
黒川誠一郎	1868年（明治元）	フランス	稲葉と同道
馬嶋健吉	1868年（明治元）	オランダ	稲葉と同道
清水誠	1869年（明治2）	フランス	藩費派遣
岡田丈太郎	1869年（明治2）	フランス	藩費派遣
伍堂卓爾	1869年（明治2）	オランダ	※スロイス雇用
吉井保次郎	1869年（明治2） 1871年（明治4）	イギリス 欧州各国	藩費派遣 欧州視察団
嵯峨寿安	1870年（明治3）	ロシア	藩費派遣
松原旦次郎	1871年（明治4）	ベルギー	国費派遣
佐雙左仲	1871年（明治4）	イギリス	国費派遣
土師外次郎	1871年（明治4）	イギリス	国費派遣
岡田雄次郎	1871年（明治4）	欧州各国	欧州視察団
北川亥之作	1871年（明治4）	欧州各国	欧州視察団

（註）（徳田 2011:221-223）の表をもとに再編

おわりに

　以上、幕末加賀藩の洋学（語学教育）と実学（技術文化）にかかわるお雇い藩士たちを紹介した。お雇いに関しては、藩士外からの人材登用の事例に加え、いわゆるお雇い外国人についても加賀藩は他藩にも増して多くの人材を招聘している。いずれも、本来の加賀藩士ではなく異端の人脈である。しかし、この異端の人脈が社会の激変期には新たなパラダイムに適応し得る人材、とりわけこの時代が要請した「グローバル人材」の源泉となったのではないか。とくに、加賀藩前田家のような保守的な大藩にあって、門閥身分に捉われない人々が、激動の時代の課題解決に対応できたものといえよう。しかも、300年弱続いた鎖国社会からグローバルな社会への転換期には、ぜひとも必要な人材だったのである。

参考文献

磯部博平 1997 『佐野鼎と幕末・明治維新』磯部出版。

石川県立歴史博物館編 1993 『科学技術の19世紀』石川県立歴史博物館。

今井一良 1981「金沢藩中学東校教師長野桂次郎伝―万延遣米使節トミー少年の生涯」『石川郷土史学会々誌』14。

今井一良 1982「佐野鼎の英学とTommy・立石斧次郎のこと」『英学史研究』15。

今井一良 1987「加賀の英・仏学事始とその展開」『北陸英学史研究』第1輯。

今井一良 1991「浅津富之助と『暎国歩兵練法』」『石川郷土史学会々誌』24。

今井一良 1990「加賀藩海外 留学生追録―岡田雄次郎・丈太郎、吉井立吉、桜井省三について―」『石川郷土史学会々誌』23。

今井一良 1993「九谷焼の名工・竹内吟秋と近代水産業の開拓者・関沢明清―二人の接点としてのドクトル・ワグネルの存在―」『石川郷土史学会々誌』26。

今井一良 1994『オーズボン紀行 侍の娘と結ばれた英人一家を追って』北國新聞社。

佐野鼎 1946『万延元年訪米日記』金沢文化協会。

19世紀加賀藩「技術文化」研究会編 2009『時代に挑んだ科学者たち―19世紀加賀藩の技術文化―』北國新聞。

鈴木明 1988『維新前夜―スフィンクスと34人のサムライ』小学館。

徳田寿秋 2011『海を渡ったサムライたち 加賀藩海外渡航者群像』北國新聞社。

七尾市立図書館編 1966『七尾軍艦所 七尾語学所のれきし―七尾港の夜明けごろ―』七尾市。

藤井信英 1987「加賀洋学資料—蘭学から英学へ—」『北陸英学史研究』第 1 輯。

フラーシャム・N・良子 2008「卯辰山養生所設立起源についての異論—佐野鼎の『日記』と福沢諭吉の『西洋事情』から—」『石川郷土史学会々誌』41。

松島秀太郎 1987「加賀藩軍艦所の鉄工機械類について—陸蒸気は汽車ではない—」『石川郷土史学会々誌』20。

松本英治 2001『佐野鼎と共立学校』学校法人開成学園。

本康宏史 1990「七尾軍艦所の周辺—幕末加賀藩の科学と技術—」『石川自治と教育』437。

本康宏史 2009「19 世紀加賀藩の技術文化」加賀藩 19 世紀技術文化研究会編『時代に挑んだ科学者たち—19 世紀加賀藩の技術文化—』北國新聞社。

トランスナショナル・コミュニティにおける親族

——拡大するシンガポール在住トバ・バタック人たちのネットワーク——

齋藤千恵

はじめに

　文化は、私たちの生活全般に関わるものである。クリフォード・ギアツ（1987:6）によれば、文化は「意味の網」であり、人間はその網の目に捕らえられた存在である。つまり、文化は私たちの生活全般に関わっており、私たちの行為は、文化によって意味づけられているのである。そして、その意味も文化も社会の成員に共有された公的なものであるから、集団の成員は、特定の文脈での特定の行為の意味を共有することとなる（ギアツ1987:20）。しかし、同じ民族ではあるが、国籍が異なる人々からなる集団ではどうなのだろうか。彼らの間で、どのように民族の文化は共有されるのであろうか。時代の変化とともに生じる新しい状況に、文化はどう適用されていくのだろうか。本論では、シンガポールに形成されたトバ・バタック人のトランスナショナル・コミュニティ[1]における文化の継承に注目する。

　トバ・バタックは、バタック民族の6つの下位区分[2]のひとつであり、最大の人口を持つことから、インドネシアではバタックと言えばトバ・バタックを指すのが一般的である。特徴的なのは、人口の90%弱がムスリム（イスラーム教徒）であるインドネシア（Badan Pusat Statistik n.d.: 10）において、トバ・バタック人の大多数がキリスト教徒と言われていることである[3]。北スマトラにそのホームランドを持ち、そこに、彼らの民族教会HKBP（Huria Kristen Batak Protestant/ バタック・プロテスタント・キリスト教会）の本部もある。HKBPは、約400万人の信徒を抱えるアジア最大

※1　ここで言うトランスナショナル・コミュニティとは、国境を越えて形成されているコミュニティである。
※2　トバ・バタック以外には、カロ、パクパク、シマルングン、アンコラ、マンダリンの下位区分がある。それぞれ、インドネシアの北スマトラにホームランドを持つ。
※3　近年のインドネシアの統計資料では、宗教的帰属に関するデータは、州ごとに出され、民族ごとには出されていないため、トバ・バタック人の間でキリスト教徒の割合がどれほどあるかは不明である。しかし、インドネシアでは、バタック人、あるいは、トバ・バタック人と言えばキリスト教徒と受け止められるのが一般的である。

のルーテル派キリスト教会であり、インドネシアで最も大きいプロテスタント教会である（Grassmann 2011: 49）。この教会では信徒、教役者ともに、トバ・バタック人が大多数を占め、礼拝もインドネシア語かバタック語で行われることがほとんどである。

　HKBP は、トバ・バタック人が移住した地域に建てられており、現在はインドネシアの様々な地域にその教会が建てられ信徒会がされ形成されている。インドネシア国外にも、HKBP 教会はあり、2020 年現在、シンガポールに一つ、マレーシアに二つ、アメリカ合衆国に三つある。シンガポールは、インドネシアから近いことから、ここの HKBP コミュニティには、絶えずインドネシア国籍トバ・バタック人が流入する。彼らは、シンガポール国籍のトバ・バタック人とともに、コミュニティを担う存在である。本論は、こうしたコミュニティにおいて、親族に関わる規範がどのように人々に受容されているのか論じる。親族関係は、インドネシア国籍トバ・バタック人たちが、トバ・バタック人であることの中核をなすとみなす重要な社会関係であり、その関係は特定の行為の仕方への期待を伴う。

トバ・バタック社会の親族

　トバ・バタック社会は、ダリハン・ナ・トルと呼ばれる 3 つの親族集団より形成されてきた。ダリハン・ナ・トルというのは、ゴトクの 3 本足という意味である。炉の上にあるゴトクは、3 本の足で食物を調理する鍋を支える。この 3 本の足を、それぞれ男系集団[4]、妻与集団[5]、妻受集団[6]とみなすのである。

　トバ・バタック社会は、父系社会[7]であり、個々のバタックは、マルガと呼ばれる父系リネージ[8]に所属する。マルガの系譜的深度は多様

....
※4　男系集団とは、祖先から子孫へと男性を通して親族関係をたどる集団である。
※5　妻与集団とは、妻を与える側にある親族集団を指す。
※6　妻受集団とは、妻を与えられる側の親族集団を指す。
※7　父系社会とは、男性祖先から男性子孫へと男性のラインをたどる原理に基づいて形成されている社会である。

で、創始者から生きている成員まで、15 世代から 25 世代と言われている（Niessen 1985:73）。また、マルガがいくつもの下位マルガに分かれている場合も多い。マルガの成員は、ドンガン・サマルガ（一つのマルガの仲間）あるいはドンガン・サブトゥハ（一つの子宮の仲間）と呼ばれ、互いを共通の祖先を持つ人々とみなす。人々は、マルガ名を自身の名字として名乗り、共通の祖先に至る系譜的知識を持っていることが期待される。インドネシア国籍のトバ・バタック人たちによれば、成人したトバ・バタック人であれば、この共通の祖先に至る系譜的知識を持っているはずであるから、系譜的な知識を持たないがマルガ名を名乗る人々に出会うと、その人たちがトバ・バタック人であることを疑うと言う（Saito 2001: 64）。

つまり、トバ・バタック人にとって、系譜は、自身がトバ・バタック人であり、どのマルガに所属するか、どの祖先の子孫なのかを示す重要なものなのである。儀礼を開催する際は、系譜を参照し、共通の祖先から生ま

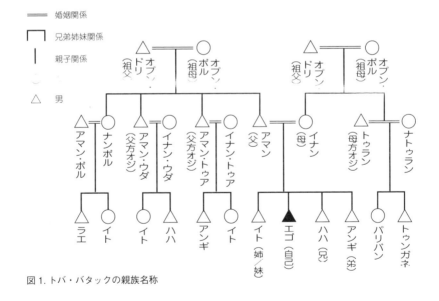

図1. トバ・バタックの親族名称

....

※8　リネージとは、その成員が始祖である共通の祖先から系譜関係を辿ることができる親族集団を指す。

れたマルガの成員をすべて招こうとする。また、ほかの見知らぬトバ・バタック人に出会った場合、しばしば系譜や親族関係を話すことにより、互いをどの親族名称で呼ぶか確認するのである。呼び方を決めることで、相手に対する態度も決まるのである。

　こうした関係の中核にあるのが、親子関係である。親子関係が、父方オジとの関係やマルガのほかの成員との関係に拡大され適用されていく。トバ・バタック社会では、父をアマン、父の兄をアマン・トゥア（年を取った父）、父の弟はアマン・ウダ（若い父）と呼ぶ。また、自身の兄弟は、自身が男性の場合、兄をハハ、弟をアンギと呼び、姉妹はイトと呼ぶ。女性からは、兄弟姉妹ともイトと呼ばれる。この呼び方は、父方イトコにも適用される。父方オジの子供は、女性はイト、男性で年上の場合は、ハハと呼ばれ年下の際は、アンギと呼ばれる。このカテゴリーの中での婚姻は、兄弟姉妹同士の結婚のようにみなされ避けられる。このインセスト[9]の範囲はイトコを越えて、マルガ内に拡大される。同じマルガに所属する人々、つまりドンガン・サマルガあるいはドンガン・サブトゥハの人々は、アダット（慣習法）によると結婚できないのである[10]。

　マルガの成員間では、家族の成員間同様、互いに助け合うものとされている。彼らの間の助け合いは、さまざまな場面でなされ、同じマルガ出身者の間では金銭の貸し借りなどもされるのである。

　トバ・バタック人にとって、マルガの存続や父系ラインの継承は、大変重要で、男性子孫がそれを可能とする。こうした父系ラインの存続を可能にするのが、フラフラと呼ばれる妻与集団の存在である。フラフラは、儀礼において欠かすことができない存在で、主催者である妻受集団の成員を祝福し、豊かさや健康、子孫の繁栄を祈る存在である。こうした役割を担

※9　インセスト・タブーは、近親相姦のタブーと訳される。近親相姦のカテゴリーは、文化・社会により異なる。

※10　20世紀末には、結婚式で水牛を7頭屠ることで、同じマルガの成員同士も結婚できるようになったと言われ始めた。ただし、水牛7頭を屠るのは、かなり大勢の人を招く結婚式となり、15世代よりもさらに上の世代の祖先を共有する子孫を招くことになると推測される。

うフラフラに対する妻受集団側の態度は、敬愛に基づいたものである。

　フラフラとの関係で中核となるのが、自身とその妻の両親や、母の兄弟との関係である。トバ・バタック人は、母方オジをトゥランと呼ぶ。母方オジはその姉妹の子供をベレと呼び、両者は特別な愛情で結ばれていると認識されている。母方オジは、トバ・バタック人にとって頼れる保護者といった存在であり、実の両親よりも甘えることができる存在である。また、母方オジの娘との結婚は好まれ、男性と母方オジの娘は、互いをパリバンと呼び、結婚が推奨される関係であることをこの呼び名により意識する。この母方オジとの関係やパリバン同士の関係は、マルガレベルにまで拡大される。

トランスナショナル・コミュニティにおける親族

　ホームランドを離れて、ほかの地域で仕事を探しそこにそのまま移住するトバ・バタック人は少なくない。移住先では、トバ・バタックたちは、民族的マイノリティであり、彼らは自身の文化や民族アイデンティティを意識する。こうした民族意識は、インドネシアの都市部のトバ・バタック人たちに、相互扶助を目的とするマルガや共通の祖先のもとの子孫のアソシエーションを形成させてきた（Bruner 1961, 1972）。

　一方、シンガポール国籍を持つトバ・バタック人たちは、インドネシア国内とは異なる状況に置かれてきた。シンガポール国籍を持つ第一世代のトバ・バタック人たちの多くは第二次世界大戦後にシンガポールに移住した人々である。男性たちが職を求めてシンガポールに移住し、その後妻となる女性をスマトラの故郷から連れてきた。第一世代のトバ・バタック人のほとんどはキリスト教徒であるが、もともとムスリムであった人も少数ながらいた。キリスト教徒である第一世代のトバ・バタック人たちは、HKBP に所属する人たちばかりではなく、セブンスデー・アドベンチスト教会[11]やプレスビテリアン教会に所属する人々もいた。

　シンガポールにおいて、トバ・バタック人たちは、CMIO システム（華人、マレー人、インド人、その他の人種分類体系）により、ムスリムと同一視さ

れるマレー人に区分される。そのため、彼らは、特にキリスト教徒としてのアイデンティティを意識する。加えて、HKBP コミュニティの中では、シンガポール人としての意識も強く持ち、インドネシアとシンガポールとの間に紛争をはじめとする問題が起こった際には、シンガポールに忠誠を尽くすことを、HKBP シンガポール信徒会は宣言している（Saito 2001:70）。一方で、この教会コミュニティは、常にインドネシアと繋がりを持ってきたコミュニティでもあった。

(1) HKBP シンガポール

　HKBP シンガポールは、インドネシア国外にある HKBP 教会の中で最も古く、第二次世界大戦直後に、タミール・メソディスト教会の建物を借りて設立された。1948 年に、マレー半島でマラヤ共産党による反乱が起きたとき、イギリス植民地政府によりすべての集団の登録が義務付けられ、その際登録したこの教会は、以降公式に認められる教会となった（Saito 2001: 44）。

　シンガポールのトバ・バタック人コミュニティは、HKBP シンガポール教会を中心として存在してきた。1950 年代までは、コミュニティの成員はもっぱら独身男性であったが、1960 年代にはインドネシアから新しいメンバーを迎えることとなる。スマトラからのトバ・バタック人花嫁たちである。次いで第二世代が生まれ始め、教会コミュニティの人口は増加していった。さらに、1980 年代から 90 年代にも、シンガポールの永住権を得たインドネシア国籍トバ・バタック人人口が増加した。第二世代が配偶者を得て、家族を持ち始めたのである。第二世代の男性たちは、インドネシアから配偶者を得た。これには、彼らの母親が大きく関わっており、類別的母方交叉イトコ[12]と結婚した男性もいる。また、第二世代の女性たちは、インドネシアからシンガポールへと働きに来ているトバ・バ

※11　第二次世界大戦以前から、セブンスデー・アドベンチスト教会が経営するマラヤン・セミナリーで学ぶバタック人学生は多かった。バタック人たちはここで英語を学び、その後ほかの国に移住した。また、セブンスデー・アドベンチスト教会に所属し、シンガポールに残った人々もいた。

タック人男性と結婚した。その一方で、第二世代の少なくとも三分の一は、HKBP コミュニティから離れていった。マレー人と結婚するためにムスリムとなった人々やほかの教会に所属することで、次第にコミュニティとは疎遠になっていった人々もいる。

　シンガポールの HKBP コミュニティを形成するのは、シンガポール国籍や永住権を持つ人々のほかに、インドネシア国籍を持つトバ・バタックたちである。シンガポールに住みながら、ビジネスのために頻繁にインドネシアに行く人々や、シンガポールに進出している企業に勤務する会社員とその家族、看護師やメイド、船員やシンガポールの学校に通う生徒たちである。2020 年現在、HKBP シンガポールは、170 人が登録する信徒会を持つ。内 102 人がシンガポール人の信徒で、68 人がインドネシア人信徒である。これに、その時々に上陸している船員たちが加わり、礼拝の出席者はさらに多くなる。

　インドネシア人とシンガポール人という二つの国籍を持つ人々からなるシンガポールの HKBP 信徒会で、トバ・バタックたちは互いを親族名称を用いて呼び合う。互いに、系譜関係をたどったり、所属するマルガ名を告げることにより、親族名称を用いて互いを呼ぶことが可能となっているのである。

(2) 親族関係

　例えば、教会コミュニティが新しい牧師をインドネシアから迎えた時のことであった。牧師のマルガは、シホンビンであり、このマルガは、4 つの下位マルガをもつ。それらは、ルンバントルアン、シラバン、フタソイット、そしてナババンである。この牧師は、シホンビンと名乗っていった

※12　母方交叉イトコとは、自分の母の兄弟の子供を指す。トバ・バタック社会では、男性が母方オジの娘、つまり母方交叉イトコと結婚するが好まれるが、実際の母方交叉イトコとの結婚よりも、母方オジの父系親族集団に所属する、イトコと同世代の女性との結婚の割合の方が高い。イトコと同世代の女性たちは厳密な意味では母方交叉イトコではないが、男性にとって母方交叉イトコと同じカテゴリーに所属する女性として、類別的に分類される。

が、下位マルガであるルンバントルアンにも所属していた。シンガポールには、何人かのシホンビンがいて、一人は、オプン・シホンビン[13]であった。オプン・シホンビンも、牧師と同じルンバントルアンに所属していた。オプン・シホンビンが初めて牧師と出会ったときは、89歳であり、牧師は27歳であった。こうした年齢の開きはあるものの、共通の祖先から何世代めにあたるのかというやり取りの中、牧師は16世代め、オプン・シホンビンは15世代めと、1世代しか違っていなかったことから、牧師は、オプン・シホンビンをオプン（祖父）ではなく、アマン（父）と呼んでいた（Saito 2001:64、65）。オプン・シホンビンの娘は、牧師を兄弟姉妹を指す親族名称であるイトと呼び、しばしば彼を食事に招いていた。食事を提供するというのは、トバ・バタック社会において極めて重要な慣習であり、歓迎、親しさ、もてなしを意味する。また、頻繁に食事に招かれるということは、招く側と招かれる側が親しいことを意味する。

　こうした教会で出会った同じマルガの成員を家に招き、親族名称を使用して互いに呼び合う情景は、第三世代にもトバ・バタックの親族関係を学ばせる。こうした親族関係は、SNS上でも維持される。

（3）SNS上での親族

　シンガポールで生まれた第二世代、第三世代のトバ・バタック文化の理解は、ホームランドで育った同年代のトバ・バタック人のそれとは少し異なる。彼らの多くは、バタック語は理解できるものの話すことができない。また、系譜的な知識がある人々も多いわけではない。その一方で、彼らも、日常的に会う以外の親族を認識している。シンガポール国籍トバ・バタック人第二世代たちが日常的に会う親族関係にある人々は、自身の父母や子、兄弟姉妹とその子供たちである。第三世代は、祖父母、父母、兄弟姉妹、そして父方及び母方イトコとなる。こうした関係を越えた親族関係に、彼らが出会うのは、儀礼や教会コミュニティ、そしてSNS上である。

---

[13]　オプンあるいはオンプンは、祖父母やそれ以上の世代の親族を呼ぶときに用いられる。

SNS が普及して以来、シンガポールのトバ・バタック人の間では、教会を中心とした出会いの中で形成された親族関係が、SNS 上の個人のアカウントでのやり取りに持ち込まれる。こうしたやり取りの中で、第三世代たちは、トバ・バタックの親族関係を日常的に経験する。例えば、2020 年 7 月で 25 歳になった第三世代の K（仮名）の場合である。彼の父は、第二世代のトバ・バタック人で、母はインドネシア出身のトバ・バタック人である。K は、ほかの同年代の若者と同様、様々な人と SNS 上でつながっており、そのつながりの中には親族も含まれる。この親族の中には、シンガポールで出会った母の母の兄弟も含まれる。

　K の母は、シンガポールにあるインドネシア企業に転勤になった母の兄弟、つまり母方オジを、トゥランと呼び親しく交際していた。トバ・バタック社会におけるトゥランとの間の関係は、父親や祖父にたいするよりも甘えることが許された特別の愛情で結ばれた関係である。K にとって、この人物はオプン（祖父母）と呼ぶ関係にある人で、SNS 上でもそう呼び掛けている。SNS 上の彼の母の母の兄弟に対する書き込みは、"*Terima kasihhhhh Opung*（ありがとおぉぉぉお祖父さん）"に続いてニコマーク、合わせた手、青いハートという絵文字が続く気軽なものである。ただ時折、祖父と呼ぶところを、トゥランと呼んでしまう。母の母方オジに対する態度を模倣しているためである。

　実際の血縁関係がないものの、シンガポールのコミュニティで出会うことで、系譜関係を確認しあった人々の間のやり取りにも、成長した第三世代が SNS 上で関わることは少なくない。祖父母を中心とする大家族の写真を、第二世代が SNS に掲載したときのことであった。教会コミュニティで、第二世代の類別的な姉妹として親族関係を持ったインドネシア出身のトバ・バタック人女性の書き込みに対し、大学生となった第三世代の女性が返信し、そこでアマン・ボル（父の姉妹の夫）と呼びかけてしまったことがあった。これは、彼女が夫のマルガ名を SNS 上のハンドルネームとして使用していたことから起こったことであった。第三世代の学生は、その書き込みをした当人が、父方オジと同様近い関係にあることを知っていたが、SNS 上のマルガ名が自身のマルガ名とは違っていたので、アマン・

ボルと呼びかけたのであった。しかし、実際には、書き込んだのは女性で、その第三世代の学生の父と同じマルガで、共通の祖先から数えると同世代であったため、アマン・ボルではなくナンボル（父の兄弟の姉妹）であると訂正されたのであった。

　こうして第三世代のトバ・バタック人たちは、かつて第二世代が経験しなかったやり方で、比較的気軽に親族関係を学んでいる。一方で、同じマルガの成員に対し、責任を伴う行為をする場合もある。

(4) 親族としての責任

　子供の養育とともに、年老いた親の面倒を見ることが義務としてアジアの中の少なくない社会に存在する。シンガポール社会でも、高齢の親と同居し、面倒を見るのは、子供の義務とされる。実際、シンガポールのHKBP コミュニティでは、高齢者が独居しているケースは見られない。高齢のトバ・バタック人は、その子供のうちひとりと同居する。ほかの兄弟は、金銭的な援助を行うことが期待され、日曜礼拝の後のコーヒーアワーにはこうした金銭の授受が行われる。

　同様に、シンガポールに血縁関係のある家族を持たない無国籍の年老いたオプン・グル（お祖父さん先生）も、類別的な兄弟の家族の援助によって独居することはなかった。オプン・グルは、第二次世界大戦後の英領マラヤにおいて、イギリス軍のために働いた人物であった。イギリスがシンガポールを去った後、インドネシアのパスポートを取得しようとしたが、かつて他国の軍に所属していた履歴があるという理由で取得できず、無国籍となってしまったのであった。それ以降、オプン・グルは、亡くなるまで無国籍のままで、家族を持つこともなかった。シンガポールの港湾施設で 70 代まで働いていた。

　財産を持たなかった彼は、1990 年代までは、教会コミュニティが管理・運営していたトバ・バタック人キリスト教徒船員のための宿舎で寝起きしていた。しかし、通貨危機後、宿舎は閉鎖されてしまった。次に彼が移り住んだのは、オプン・D・ボル（D の祖母 / 仮名）の HDB（シンガポール住宅開発庁）の集合住宅であった。オプン・D・ボルの夫は、オプン・グ

ルと同じマルガ出身で、同世代であった。オプン・グルが、オプン・D・ボルのHDB住宅に移り住んだ時、彼女の夫はすでに亡くなっていったが、彼女は彼を迎え入れたのであった。この住宅に住むのは、オプン・D・ボルのほか、オプン・D・ボルの娘（つまりDの母）とインドネシア出身トバ・バタック人の夫、夫婦の子供2人の計5人であった。彼らが住む3ベッドルームのアパートメントに空いている部屋はなかったが、家賃が極めて高いシンガポールで部屋を借りる余裕を持たないオプン・グルを招き入れたのであった　オプン・グルは、そこに、死の直前に入院するまで住んでいた。

　こうしてドンガン・サマルガ同士の間での相互扶助は、スマトラ島というホームランドを離れたシンガポールにおいても行われている。血縁関係が明確な家族ではないものの、系譜関係に基づいて親族名称を使用することにより、同様のあるいは似た関係を作り上げていくのである。同様に、姻戚関係もマルガレベルにまで拡大され、人々の関係を作り上げる。

(5) 戦略としての親族関係

　父系親族関係や母方オジとの関係は、トバ・バタック人にとってよく知った安心できる社会関係を提供する　こうした親族関係がさまざまな場合に戦略として用いられている。インドネシアのトバ・バタック人の間では、選挙の際、候補者のマルガやその妻のマルガから誰が後援についているかしばしば論じられる。親族関係が票集めの戦略として用いられ得ると人々は考えているのである。同様に、インドネシアからシンガポールに働きに来るトバ・バタック人も、自分の立場を有利にするために親族関係を用いようとする。

　インドネシアからメイドとしてシンガポールに働きに来たF（仮名）の場合もそうであった。シンガポールで働くメイドと呼ばれる家事労働者は、多くの場合、雇用主が住む家やHDB集合住宅に居住する。休日や休み時間はあるが、雇用主の家庭で家事全般を行い、そこに寝泊まりすることが一般的な彼女らの毎日である。広いとはいえない雇い主のアパートメントに住み込み毎日家事労働することで、メイドたちの中には、ストレスをた

め込む者もいるし、雇い主による虐待といったトラブルが起きる場合もある。トバ・バタック人メイドであるＦが置かれたのも、そうしたストレスが多い日常であった。Ｆは、シンガポールに来てすぐに、日曜日にはHKBPシンガポールを訪れるようになった。ここで、自身のマルガと同じマルガの人物は見つけることはできなかったが、母のマルガと同じマルガのシンガポール人女性、オプン・S・ボル（Sの祖母／仮名）を見つけることはできた。彼女は、日曜日の礼拝の後、2週にわたってＳ家（仮名）を訪れ食事をしていった。Ｆは、オプン・S・ボルを母の姉や父の兄の妻を指すイナン・トゥアと呼び、その夫オプン・S・ドリ（Sの祖父／仮名）をアマン・トゥアと呼んでいた。

　彼女が3度目にＳ家を訪れたのは平日であった。彼女は、オプン・S・ボルとその夫の前で、雇用主の妻から受けている虐待を訴えたのであった。シンガポールでは、少なくない家庭が、インドネシア、フィリピン、スリランカといった近隣の国からのメイドを雇っている。そして、こうした中で、メイドに対する虐待がしばしばマスメディアにより報道されていた。オプン・S・ドリは、この件をインドネシア大使館に持っていくことを考え、状況を明確にするために詳しいことを聞き出そうとした。ところが、Ｆが言い立てていることは、彼の質問ごとに二転、三転し、一貫することはなかった。オプン・S・ドリは、インドネシア大使館に相談するなら、出来事を明確にせねばならないとＦに忠告した。すると、彼女は、ひと際大きな声で「トゥラン」とオプン・S・ドリのことを呼んだのである。彼女は、通常はアマン・トゥアとオプン・S・ドリを呼んでいたが、この時はトゥランという言葉を選んで使用した。母のマルガに所属する女性の夫は、アマン・トゥアやアマン・ウダ、トゥランと呼ぶことができる。しかし、アマン（父）という呼び名とは異なり、トゥランという呼称は、情緒的な繋がりを呼び起こすのである。トゥランと他者を呼ぶことにより、その言葉を発した自身と相手の間に想定される親密な関係を作り出そうとするのであった。

　類別的母方オジとの関係に加え、類別的父や兄弟姉妹との関係も、新しい土地に来たトバ・バタック人には戦略として用いられる。インドネシア

から来たばかりのトバ・バタックの若者Pは、何人もの人が一つの部屋で寝泊まりする船員の宿舎に住むのを嫌い、シンガポールでの住居を探していた。彼は、同じマルガ出身で、共通の祖先から数えて一代しか違わない類別的な父とその娘夫婦の家に、何度も食事に招かれていたこともあり、彼らのHDBアパートメントに滞在することを期待していた。しかし、彼の類別的父が所有する2ベッドルームの住宅には、余分な部屋がなく、Pの類別的父はPの頼みを断るしかなかったのであった。常にマルガの成員同士が互いに期待に応えるように行為するとは限らない。Pには、マルガの成員間の相互扶助精神に欠けているようにも映ったが、この意思決定には部分的にシンガポール特有の住宅事情が関連しているであった。

おわりに

今まで、シンガポールに形成されたトランスナショナル・コミュニティにおける文化の継承に関して、親族関係に絞って論じてきた。シンガポールのHKBPコミュニティは、シンガポール国籍とインドネシア国籍のトバ・バタック人で構成されており、そこには常にインドネシアからのトバ・バタック人の流入があったし、第二世代でこのコミュニティに残っている人々の多くは、インドネシア出身のトバ・バタック人を配偶者に持った。

スマトラから来たトバ・バタック人たちは、ホームランドに住む同年代の人々に比べれば、第二世代、第三世代のトバ・バタック文化についての知識は極めて限定的であると言う。そのため、第一世代やインドネシア出身のトバ・バタック人たちが親族関係に関する第二・第三世代の知識を補うのである。そうして、HKBP教会コミュニティに新参者が来るたびに、マルガや系譜について話し合われ、新たに親族関係を確立する。かれらは、親族名称で互いを呼び合うことにより、その名称に伴う態度を期待してきた。特定の役割への期待は、ある文脈では希薄で、ある文脈では、大きかった。コミュニティの成員たちは、民族は同じであるものの、国籍が異なれば、関心も異なる。個々のトバ・バタック人たちが、シンガポールでよりよく生きるために、親族関係を戦略として用いようとすることもある。

これまでに見てきたように、親族関係にある人々が互いを訪問したり、食事を共にしたりすることは一般的であった。また、儀礼が開かれた場合、親族として出席しその役割を果たすということが、しばしばなされた。ただ、これ以上を相手に期待してもそれが実現するとは限らなかった。もちろん、インドネシアにおいてもすべてのトバ・バタック人が期待通りに親族の役割を果たすわけではない。シンガポールにおいて新たに確立された親族関係にある人々に対する期待は、アダットに基づいているにしても期待する側と期待される側両方の関心や置かれた状況、文脈により多様である。その期待が実現するか否かは、シンガポール特有の状況にも影響される。また、それぞれの親族に関する理解の違いも影響する。すべての人が親族システムに関して精通しているわけでもなければ、意識的であるわけでもない。こうした中で、トバ・バタック文化は、シンガポール特有の状況や文脈において継承されていくのである。

参照文献

Badan Pusat Statistik

　n.d. Kewarganegaraan, suku bangsa, agama, dan Bahasa sehari-hari penduduk Indonesia（国民、民族、宗教と日常使用言語）. Hasil Sensus Penduduk 2010 （2010 年国勢調査結果）. Badan Pusat Statistik. https://www.bps.go.id/publication/download.html?nrbvfeve =NTVlY2EzOGI3ZmUwODMwODM0NjA1YjM1&xzmn=aHR0cHM6Ly93d3cuYnBzL mdvLmlkL3B1YmxpY2F0aW9uLzIwMTIvMDUvMjMvNTVlY2EzOGI3ZmUwODMwO DM0NjA1YjM1L2tld2FyZ2FuZWdhcmFhbi1zdWt1LWJhbmdzYS1hZ2FtYS1kYW4tYmF oYXNhLXNlaGFyaS1oYXJpLXBlbmR1ZHVrLWluZG9uZXNpYS5odG1s&twoadfnoarfea uf=MjAyMC0wOC0xNyAxMToxMTozNQ%3D%3D, 2020 年 8 月 17 日閲覧。

Bruner, Edward M.

　1961　Urbanization and Ethnic Identity in North Sumatra. American Anthropologist 63:508-521.

　1972　Batak Ethnic Associations in three Indonesian Cities. Southwestern Journal of Anthropology 28（3）:207-229.

Grassmann, Günter, Duane H. Larson, and Mary W. Oldenburg eds.

　2011　Historical Dictionary of Lutheranism. Plymouth: The Scarecrow Press.

Niessen, S. A.

　1985　Motifs of Life in Toba Batak Texts and Textiles. Dordrecht-Holland: Foris Publications.

Saito, Chie

    2001 One Church, Two States: Christian Toba Bataks in a transnational Community in Singapore. Ann Arbor: University Microfilms.

ブルーナー、エドワード M.

    2007 「タマン・ミニ―インドネシア民族テーマパークの自己構成―」『観光と文化― 旅の民族誌―』安村克己他訳、Pp.309-335。学文社。

ギアツ、クリフォード

    1987 「厚い記述」『文化の解釈学　I』吉田禎吾他訳、Pp.3-56。岩波書店。

第三章

宗教のグローバル化と地域文化

——タイのムスリム社会を事例に——

小河久志

はじめに

　唐突だが、他の生物にはない人間の特徴をあげよ、と言われたら皆さんは何と答えるだろうか。言語の使用や高度な道具の製作・使用などをあげる人が多いのではなかろうか。こうした人間の特徴の一つに「適応」がある。適応とは、周囲の環境にうまく対処して生きていくことである。この能力があるがゆえに人間は、高地や寒冷地、熱帯雨林、砂漠といった過酷な自然環境でも生存することができた。現在、地球上に人間が住まない場所はないといっても過言ではない。

　モノやヒト、資本、情報が国境を越えて移動するグローバル化は、これほどまでに広範囲に居住する人間のあいだで加速度的に進行している。今日、カラハリ砂漠に住む人だろうが、アマゾンの熱帯雨林に住む人だろうが、この動きと無関係に生活している人間は地球上にほぼ存在しない。それほどまでにグローバル化は、地球の隅々にまで広がっているのである。そしてグローバル化は、その拡大の過程において、政治や経済など人びとの日常生活のさまざまな領域に影響を与えている。その一つに、人間が居住地で長い時間をかけて作り上げてきたローカルな文化（以下、地域文化）がある。

　本稿では、タイのムスリム（イスラーム教徒）村落を事例に、ミクロな視点から宗教をめぐるグローバル化が地域文化に与える影響の一端を紹介したい。具体的には、トランスナショナルなネットワークを持つ世界最大のイスラーム宣教団体タブリーグ（Tabligh）が浸透する昨今の状況下における民間信仰の様態を、その担い手である住民の解釈、実践を通して描き出す。また、この作業を通して、グローバル化と地域文化の関係性について考えてみたい。

宗教のグローバル化：
タブリーグのトランスナショナルなネットワークへの包摂[※1]

(1) タブリーグ

　ムスリムが少数派のタイでも、1980年代に入るとイスラーム復興の動きが見られるようになった[※2]。1979年のイラン・イスラーム革命を契機に世界に広がったイスラーム復興は、個人および社会レベルで見られるイスラームの教えに従おうとする動きである。個人レベルでは、礼拝や断食といった宗教実践に熱心に取り組む者や、服装や食事といった日常的な実践をイスラームの教えに適合したものに変える者、イスラームの教育活動や宣教活動に参加する者の出現というかたちで現れた。また、こうした個人レベルの動きが広がることで、モスク（イスラームの礼拝所）やイスラーム銀行（イスラームの教えに基づき運営される銀行）といったイスラーム関連機関の設置に代表される社会レベルの動きが見られるようになった[※3]。

　タイでイスラーム復興を牽引してきたのは、タイ語でグルム・ダッワ (klum dawa) と呼ばれるイスラーム宣教団体である。イスラーム宣教団体は、バンコクをはじめとする都市部に誕生した。とくに国内経済が急速な発展を見せた1980年代以降、その数を増やすとともに活動を活発化させていった。なかでも本稿で取り上げるタブリーグは今日、タイで最大の規模と影響力を誇るイスラーム宣教団体である。タブリーグは、1927年にイスラーム学者のマウラーナー・ムハンマド・イリヤースによって北インドのメワートに設立された。預言者ムハンマドと彼に献身した教友たちが送った生活様式をムスリムの理想と見なすタブリーグは、信仰告白を行うこと、1日5回の礼拝を行うこと、宗教知識を習得しアッラー（イスラームの神）を想起すること、ムスリム同胞を愛すること、アッラーに誠実であること、宣教に励むことの6つを遵守すべき事柄として重視している。なぜなら、

※1　本節の記述は、拙稿（小河 2011）の一部を改変したものである。
※2　タイのムスリムは約322万人、全人口の約5.2%を占めるにすぎない（Krom Kansatsana 2000）。
※3　イスラームの基本については小杉の著書（小杉 1994）を参照のこと。

それによってムスリムがアッラーへの真の信仰を回復し、ムスリム社会が健全化すると考えているからである（Ali 2003）。タブリーグは、上述した6つの規範を実践し、かつその意義と必要性をムスリム同胞に広めるため、モスクを拠点に、集団礼拝やイスラーム講話、イスラーム学習といった活動を行っている。ムスリムであれば誰でもそこに参加することができる[4]。今日、タブリーグは、そのシンプルな教えや来る者を拒まないオープンな姿勢が一般信徒に受け入れられ、デリーにある総本部を中心に、タイを含む150を超える国で活動を展開している。このイスラームのグローバル化現象は、インドという所謂イスラーム世界の「周縁」から発生したという点で興味深い。

　タブリーグがタイで活動を開始したのは、北部ターク県のメーソット郡に住むハッジ・ユースフ・カーンが同地で宣教を始めた1966年とされる（Saowani 1988:239）。その後タブリーグは、タイの経済発展やタイ政府の寛容な姿勢を背景にメンバーを増やしていった。現在では、バンコクにあるタイ国支部から県支部、地区支部（複数の村支部から構成）、村支部（活動に参加する村）に至るネットワークを用いて、国内各地で上述した活動を展開している（Nimit 2001）。

(2) 村落部の事例

　タブリーグは、筆者が長年調査をしているタイ南部トラン県のムスリム村落（以下、調査村）にも浸透した。タブリーグが調査村に初めてやって来たのは1978年のことである。1980年代に入ると、タブリーグの活動を高く評価したイマーム[5]のA氏（男性、1950年生まれ）が、金曜礼拝など多くの住民が集まる場での説教や戸別訪問を通して、住民にタブリーグの活動への参加を促した。その試みは、まず村の公的イスラーム機関であるモスク委員会の委員（以下、モスク委員）の支持を得ることに成功した。

※4　ただし、参加できる活動が限られているなど男性と比べて女性には多くの制約がある。

※5　礼拝時の導師。タイでは、後述するモスク委員会の終身委員を務めるなどコミュニティにおける宗教指導者の役割を果たしている。

モスク委員は、住民から選挙で選ばれ宗教局に登録される公的な宗教指導者である。住民は、「彼らには宗教的な威光（barami）がある」とし、畏敬の念をこめて「スラオ・グループ（bo surao）」と呼んでいた[※6]。そのモスク委員が、タブリーグが説くイスラームを「正しいイスラーム（itsalam thae）」と見なした上で、自身が持つ宗教的威光を背に精力的に住民を宣教したのである。その結果、タブリーグの活動に関心を持つ住民の数は増え、なかには定期的に活動に参加する者も現れた。

　タブリーグの浸透は 1990 年代に入ると加速する。背景には、インフラの整備とそれにともなう住民の生活の変化があった。1996 年に村と隣村を結ぶ道路が開通すると、国内全域、さらにはマレーシアや中国、サウジアラビア、オマーンといった海外から来村するタブリーグの宣教団の数は増えていった。また、インフラ整備を契機に、村の基幹産業である沿岸漁業に従事する住民が、村外の市場にアクセスすることが容易になった。以前は隣村の仲買人に限られていた水揚げの販路が増えたことで売値は上昇した。その結果、住民の収入は増加し、宣教活動に参加できるだけの経済的、時間的な余裕が生まれた。

　1990 年代はまた、モスク委員会がタブリーグとの連携を強めた時期でもあった。村にはタブリーグの活動を管理、運営する委員会があるが、その委員をモスク委員が占めるなど、この時期、モスク委員は村におけるタブリーグの中心メンバーになっていた。彼らは、モスク委員会のなかにタブリーグの活動を支援する部門を新たに設置するなどして、住民にタブリーグが説くイスラームへの理解とタブリーグの活動への参加を促した[※7]。

　また、モスク委員会は、委員会が管理するモスク付設の宗教教室（以下、モスク宗教教室）の授業にタブリーグの宣教活動を導入した。たとえば、タブリーグが毎週木曜日のマグリブ礼拝（日没の礼拝）以降にモスクで行う集団礼拝と説教に、モスク宗教教室の生徒を参加させている。また、モスク宗教教室の教師は、教室で定期的に開いている生徒の保護者との面

※6　スラオとモスクは同義である。
※7　彼らは、タブリーグが言うところの 6 つの規範の遵守と月 3 日間の宣教への参加を成人男性の義務と見なした上で、それらを行うよう住民に訴えた。

談の場で、タブリーグの活動に参加するよう彼らを積極的に勧誘している。こうしたイスラーム教育をめぐる一連の動きは、イスラームの基本知識の獲得とともに、タブリーグに対する住民の理解と関心を促し、その賛同者を増やす一因となったのである。

　以上の背景のもと、調査村においてタブリーグは、「正しいイスラーム」を教え広める団体として宗教的な正当性を獲得していった。そのことは、タブリーグの活動資金として一世帯あたり月に100バーツ（約300円）の喜捨が義務化され、かつ対象となるほぼすべての世帯がそれに応じていることからも理解できる[8]。また、参加の程度に差はあるものの、村に住む既婚男性の大半が、タブリーグの活動への参加経験を持つまでになった[9]。数は少ないが、彼らのなかから海外に宣教に出る者もあらわれた。これら一連の動きは、県内のタブリーグの活動を統括するトラン県支部に評価され、調査村は1996年に村支部、1998年には近隣の6つの村を統括する地区支部に指定された。このように国内外に広がるネットワークを持つタブリーグは、調査村に深く浸透しているのである。

地域文化の動態 [10]

　タブリーグの浸透という宗教のグローバル化と言える動きに包摂されるなか、筆者の調査村では、地域文化の一つである民間信仰のあり様が大きく変化した。民間信仰とは、生活と密接に結びついた信仰観念や実践のこ

---

[8]　住民の平均月収が約4,000バーツ（約12,000円）であることを踏まえると、月100バーツの喜捨は住民にとって高額である。なお、高齢者世帯や貧困世帯は対象から外された。

[9]　住民のなかには、タブリーグの教えや活動に批判的な者もいる。たとえば、村の子どもたちにアラビア語の読み書きを教えるM氏（男性、1958年生まれ）は、クルアーンのなかにタブリーグの活動への参加を義務づける記述がないことや、タブリーグの活動に参加することが参加者とその家族に経済的、精神的な負担を強いることなどを理由に、タブリーグの活動を悪行（bap）と見なし、そこに参加しない。

[10]　本節の記述は、拙著（小河 2016）の第4章の一部を改変したものである。

とで、現世利益的な傾向が強く、呪術的な実践がしばしば重視される（三尾 2004:136）。調査村では、災厄除去をはじめとした現世利益の実現を目的に、後述する船霊や祖霊といった超自然的な存在が古くから信仰されてきた。そこでは、供物や呪文などを用いた儀礼や供宴が、さまざまな機会に行われていた。しかし、タブリーグは民間信仰を否定した。その理由は大きく二つあった。一つ目は、民間信仰が偶像崇拝的な要素を持つことである。それは、アッラーの唯一性を犯す行為につながるとして否定された。二つ目は、その現世指向の強さである。現世をよりよい来世のための修練の場ととらえるタブリーグにとって、それは忌避されるものであった。こうしたなか住民は、いかに民間信仰を解釈し、実践しているのだろうか。以下では、船霊信仰を事例にこの点について見て行きたい。まずは船霊信仰の概要を説明する。

（1）船霊信仰

　調査村でメーヤーナーン（mae ya nang）、あるいはナーンルア（nang ru'a）と呼ばれる船霊は、船首（hua ru'a）に宿る女性の精霊とされる。船霊は、漁の安全や漁獲の多寡を司る存在として、漁業に携わる住民の信仰を集めてきた。船霊を信仰する住民は、船霊の機嫌を損ねることが、不漁をはじめとする漁撈活動に悪影響を与えると考えている。このため彼らは、船霊にまつわるさまざまな禁忌を遵守してきた。たとえば、船霊が住む船首は聖なるもの（sin saksit）とされ、そこを踏んだり座ったりすることは、船霊を侮辱する行為として禁じられていた。また船主は、禁忌の遵守に加えて漁の成功のために船霊へ積極的に働きかけてもいた。日常的なものとしては、船霊への簡単な祈願がある。これには船主ごとにさまざまなやり方が存在するが、乗船前に大漁や漁の安全など叶えてほしい事柄を船霊に向けて小声で語りかけるのが一般的であった。より規模の大きな祈願としては、船霊儀礼（phithi mae ya nang）がある。船霊儀礼は、船首に色布を巻くなどする清めの儀式と供宴から構成され、それらは船霊の住む船のなかで行うことが望ましいと考えられていた（口絵4頁）。一般に船霊儀礼は、新船を進水する日と船の補修を終えた日に行われた。また、住民によって

は、多額の資金を投入して新たに漁具を購入した日やそれを使用する前日、あるいは大漁や不漁の際にも開催した。儀礼の日取りは、吉祥時（rityam）を参照して決められ、大抵は陽のある時間に行われた。こうした船霊をめぐる住民の解釈や実践のなかに、アッラーの存在やクルアーンの読誦といったイスラーム的な要素は見られなかった。

(2) 船霊をめぐる解釈、実践の変化

　タブリーグの広がりとともに、船霊信仰をめぐる住民の解釈や実践は変化した。ここでは、そのあり様を描く。まず見たいのは、上述した伝統的な解釈、実践をする者である。彼らは、船霊信仰を漁業に関わる「慣習（prapheni）」として、日常生活を営むうえで不可欠のものととらえていた。同時に彼らは、イスラームを来世に関わる「宗教（satsana）」として、船霊信仰とは別の領域のものと認識していた。しかしながら、タブリーグが浸透するなか、このような伝統的なかたちで船霊を信仰する者は減っている。代わりに増えたのが、以下の3つのタイプの住民である。

　一つ目は、船霊に対する信仰をやめる者である。タブリーグの中心メンバーでもある彼らは、船霊の存在とそれを信仰するという行為がイスラームの教えに反することから船霊信仰を放棄した。より詳しい理由としては、以下の2つを指摘することができる。第一は、先にも述べた船霊を信仰することが神の唯一性というイスラームの規範に反することである。第二は、漁業の成否を決めるのは船霊ではなくアッラーとする考えである。船霊信仰を中止した住民は、こうした考えに基づき、船霊が漁業の成否に関与することを否定し、かつ儀礼などを通して漁の成功を船霊に働きかける行為を悪行と見なしていた。

　二つ目は、上述した伝統的な信仰形態を保持しながらも船霊儀礼のやり方を変える者である。彼らは、これまで陽のある時間に行っていた船霊儀礼を日没後に変更したり、供宴の会場を船から自宅に変えたりした（写真2）。こうした変化は、たとえば儀礼の開始時間の変更が清めの儀式を暗がりで行うことを余儀なくさせるなど、船霊儀礼を実施するうえでさまざまな不都合を生んでいる。それにもかかわらず、なぜ彼らはこのような対応

をとったのだろうか。その理由としてあげられるのが、住民、とくにタブリーグの支持者である住民から儀礼の様子を見られるのを避ける、というものである。それにより彼らは、他の住民からイスラームの規範に反する行為をしていると批判される可能性を未然に防いでいた。

　三つ目は、船霊信仰を「イスラーム化」して継続する者である。彼らは、船霊を慣習の領域に位置づけた上で、漁業を行う際に不可欠の存在として信仰していた。そのあり様は、船霊儀礼を行うことを含め大枠では伝統的なやり方を踏襲する住民のそれと同じであった[11]。しかし、彼らの信仰実践を詳しく見ると、両者のあいだにさまざまな差異が存在していることがわかる。たとえば彼らは、船霊をクルアーンに記載

暗がりのなか船首に色布を巻く住民
（2004 年　筆者撮影）

のあるイスラームの精霊チン（chin）の１つと見なしていた[12]。また、船霊儀礼の場で、クルアーンやハディースに由来する決まり文句であるドゥアー（dua）を唱える者もいた[13]。これらの解釈、実践は、伝統的なそれに新たにチンやドゥアーといったイスラーム的な要素を付加したものである。彼らは、まさにそのイスラーム的な要素があるがゆえに、自身の船霊に対する信仰をイスラーム的に正しいものととらえていた。

※11　彼らのなかには、供宴を中止したり、清めの儀式を簡素化したりするなど、船霊儀礼の規模を縮小する者もいた。
※12　チンはアラビア語で精霊を意味するジン（jinn）に由来するものと考えられる。ジンはクルアーンの第 72 章や第 55 章、第 114 章などに登場する。
※13　ドゥアーを唱えることができない者は、それができる住民に代わりを依頼した。

おわりに

　地球上に存在する多種多様な地域文化は、グローバル化の進展にともない、程度の差はあれその相貌を変化させている。世界各地のムスリム社会に存在する民間信仰も同様の状況にある。先述のように1979年のイラン・イスラーム革命を契機に、イスラームの教えに従おうとするイスラーム復興の動きが世界規模で広がった。こうしたなか民間信仰は多神教的、偶像崇拝的な要素を持つがゆえにイスラームの教えに反するものとして批判の対象とされてきた。これまで見てきたように筆者の調査村でも、トランスナショナルなネットワークを持つイスラーム宣教団体タブリーグの浸透により、民間信仰の一つである船霊信仰は、伝統的な形態を維持することが難しい状況に置かれている。しかし、だからといって船霊信仰は、一方的に打ち捨てられた訳ではなかった。そこにおいて住民は、それぞれの関心や思惑に応じて、さまざまなかたちで船霊を解釈し実践していた。それは個々の住民が、タブリーグが牽引する宗教のグローバル化の波に飲み込まれながらも、自身の置かれた文脈のもとに船霊に対応した結果であり、主体的、能動的な営為であった。

　グローバル化の影響を受けて変化する地域文化のあり様は、均質的なものではなく、かつ時間の経過とともに更なる変化を見せる。その多面性と動態性を明らかにすることは、グローバル化と地域文化の関係を理解するうえで不可欠である。宗教のグローバル化の進行を契機にあらわれた地域文化をめぐる担い手の多様な解釈、実践を、彼らの置かれた文脈と結びつけてとらえる本稿の試みは、そのための一つの有益な方策と言えるだろう。

参照文献

Ali, Jan.

  2003 Islamic Revivalism: The Case of the Tablighi Jamaat. Journal of Muslim Minority Affairs 23（1）: 173-181.

小杉泰

  1994『イスラームとは何か　その宗教・社会・文化』講談社。

Krom Kansatsana（宗教局）

  2000 Raingan Kansatsana Pracam Pi Pho.So.2542（『仏暦 2542 年宗教報告』）. Bangkok: Krom Kansatsana.

三尾裕子

  2004「祀る」関一敏・大塚和夫編『宗教人類学入門』弘文堂、pp.136-148。

Nimit Loma.

  2001 Kansu'ksa Botbat Kanpoeiphae Satsana Itsalam khong Yamaat Taplik nai Prathet Thai（「タイにおけるジェマー・タブリーグのイスラーム宣教の役割に関する研究」）. Master Thesis, Mahidon University.

小河久志

  2011「宗教実践にみるインド洋津波災害 - タイ南部ムスリム村落における津波災害とグローバル化の一断面 -」『地域研究』11（2）:119-138。

  2016『「正しい」イスラームをめぐるダイナミズム - タイ南部ムスリム村落の宗教民族誌 -』大阪大学出版会。

Saowani Cirinuat.

  1988 Klum Chatphan: Chao Thai Mutsalim（『民族集団：タイ・ムスリム』）. Bangkok: Kongthun Sangaruchiraamphon.

あとがき

　このあとがきを書いている 2020 年度は、コロナ禍に始まり、おそらく
コロナ禍で終わる年となるだろう。私たち大学教員の仕事も COVID-19
拡大という状況に多分に影響され、多くの変化を経験した。授業や会議は
オンラインになったし、予定していた海外調査はできなくなった。日常生
活にも変化の波は及び、コロナ禍での生活は、今までの生活や自分を取り
巻く世界を再認識させる機会となっている。それは、異文化に触れること
を通して、自文化を意識するプロセスと似ているかもしれない。
　文化人類学入門講座の第 1 回目か 2 回目でしばしば教えるのは、自分
の文化は空気のようなもので、それは、日常的にはほとんど意識されない
ということである。当たり前の自文化が意識されるのは、異文化との出会
いの中である。異なる文化に触れることで、自分の文化に気づく、これが
比較の第一歩となる。
　では、コロナ禍ではどのように自分の文化や社会が意識されるのか。未
だ COVID-19 が収束していない現在、感染拡大を阻止するために、ソー
シャル・ディスタンスやアルコール消毒、マスクの着用が必要であり、リ
モート・ワークが勧められている。国外への移動が制限され、国内の移動
も自粛という言葉で抑制されている。日本の場合、他国とは異なり、ロッ
クダウンや夜間外出禁止令の根拠となる法がないので、政府や自治体によ
る都道府県境をまたいでの移動の自粛のお願いに留まっている。その一方
で、自粛警察と呼ばれる人たちが出現し、人々への圧力となっている。
　自由な移動は、現代を生きる私たちの生活の一部となっている。国内、
国外を問わず、観光や出張、留学で人々は移動するし、地理的に離れた二
か所を生活拠点にする人々も少なくない。移動の自由が抑圧されることに

より、私たちは、移動の必要性と移動の自由を保障する国や社会について再認識することになる。また、生活拠点を複数持つ人々は、その生活のあり方や家族との関係、自分の社会や国のあり方を以前よりも意識するようになる。危機的な状況に直面することにより、今までの生活のある部分が鮮明なものとなるのである。また、自分の周囲にも自分と同じ、あるいは似た状況の人々が少なからずいることを発見し、それを発端にして現代社会のあり方について考えることもあろう。

　こうして、私たちは、比較文化研究や文化人類学における比較をCOVID-19拡大の中で行っている。コロナ禍では、こうした比較の視点が確認されやすくなり、私たちの社会の特徴や抱えてきた問題もよく見えるようになった。私たちが自分の文化や社会とどのように向き合っていくのか、これを考え、実行する機会が今巡ってきているのである。

齋藤千恵 （さいとう ちえ）

グローバル・スタディーズ教育プロジェクト研究所代表
現職：金沢星稜大学人文学部教授
最終学歴：米国イリノイ大学アーバナ・シャンペン校博士課程人類学専攻、博士（哲学 /Doctor of Philosophy）
専門：文化人類学
研究テーマ：移民のエスニシティ、災害の記憶の継承、危機と文化
主な著書
『トランスナショナリティ研究―場を越える流れ』大阪大学 21 世紀 COE プログラム「インターフェイスの人文学」、2003 年、共著
One Church, Two States: Christian Toba Bataks in a Transnational Community in Singapore. 2001, University Microfilms, Inc.

小西賢吾 （こにし けんご）

グローバル・スタディーズ教育プロジェクト研究所研究員及び編集委員
現職：金沢星稜大学人文学部准教授
最終学歴：京都大学大学院人間・環境学研究科、博士（人間・環境学）
専門：文化人類学
研究テーマ：宗教実践からみる地域社会・共同体論。チベット、ボン教徒の民族誌的研究
主な著書
『弔いにみる世界の死生観』英明企画編集、共編著、2019 年
『四川チベットの宗教と地域社会―宗教復興後を生きぬくボン教徒の人類学的研究』風響社、2015 年

小河久志 （おがわ ひさし）

グローバル・スタディーズ教育プロジェクト研究所研究員及び編集委員
現職：金沢星稜大学人文学部准教授
最終学歴：総合研究大学院大学文化科学研究科（国立民族学博物館）、博士（文学）
専門：文化人類学、東南アジア地域研究
研究テーマ：イスラーム復興の人類学的研究、自然災害と社会・文化の関係
主な著書
『「正しい」イスラームをめぐるダイナミズム―タイ南部ムスリム村落の宗教民族誌』大阪大学出版会、2016 年
『自然災害と社会・文化―タイのインド洋津波被災地をフィールドワーク』風響社、2013 年

本康宏史 （もとやす ひろし）

グローバル・スタディーズ教育プロジェクト研究所研究員
現職：金沢星稜大学経済学部教授
最終学歴：金沢大学大学院社会環境研究科、博士（文学）
専門：歴史学
研究テーマ：「加賀百万石」の記憶、フィールドは金沢／石川県を中心とする北陸地域
主な著書
『軍都の慰霊空間－国民統合と戦死者たち－』吉川弘文館、2002 年
『からくり師 大野弁吉の時代―技術文化と地域社会―』岩田書院、2007 年

リーディングス グローバル化と地域文化 ❶

グローバル、
トランスナショナル、
ローカルを生きる人びと

2021年3月22日　初版1刷発行

編　　者　齋藤千恵、小河久志、小西賢吾　編
　　　　　金沢星稜大学グローバル・スタディーズ教育プロジェクト研究所

発　　行　樹林舎
　　　　　〒468-0052　名古屋市天白区井口1-1504-102
　　　　　TEL:052-801-3144　FAX:052-801-3148
　　　　　http://www.jurinsha.com/

発　　売　株式会社人間社
　　　　　〒464-0850　名古屋市千種区今池1-6-13　今池スタービル2F
　　　　　TEL:052-731-2121　FAX:052-731-2122
　　　　　e-mail:mhh02073@nifty.com

印刷製本　モリモト印刷株式会社